BEI GRIN MACHT SICH IHR WISSEN BEZAHLT

- Wir veröffentlichen Ihre Hausarbeit,
  Bachelor- und Masterarbeit

- Ihr eigenes eBook und Buch -
  weltweit in allen wichtigen Shops

- Verdienen Sie an jedem Verkauf

Jetzt bei www.GRIN.com hochladen und kostenlos publizieren

Stephan Gabriel

Mikrosoziologie II – Interaktion und Kommunikation: Persönliche Beziehungen – Familie – Ehe – Zweierbeziehungen

Vorlesungsprotokoll

GRIN Verlag

Bibliografische Information der Deutschen Nationalbibliothek:

Die Deutsche Bibliothek verzeichnet diese Publikation in der Deutschen National-
bibliografie; detaillierte bibliografische Daten sind im Internet über http://dnb.d-
nb.de/ abrufbar.

Impressum:

Copyright © 2012 GRIN Verlag GmbH
Druck und Bindung: Books on Demand GmbH, Norderstedt Germany
ISBN: 978-3-656-33325-8

Dieses Buch bei GRIN:

http://www.grin.com/de/e-book/205066/mikrosoziologie-ii-interaktion-und-kom-
munikation-persoenliche-beziehungen

GRIN - Your knowledge has value

Der GRIN Verlag publiziert seit 1998 wissenschaftliche Arbeiten von Studenten, Hochschullehrern und anderen Akademikern als eBook und gedrucktes Buch. Die Verlagswebsite www.grin.com ist die ideale Plattform zur Veröffentlichung von Hausarbeiten, Abschlussarbeiten, wissenschaftlichen Aufsätzen, Dissertationen und Fachbüchern.

Besuchen Sie uns im Internet:

http://www.grin.com/

http://www.facebook.com/grincom

http://www.twitter.com/grin_com

TU Dresden
Philosophische Fakultät
Institut für Soziologie

Mikrosoziologie II: Interaktion und Kommunikation

Hausarbeit zum Thema:

„II.1. Persönliche Beziehungen – Familie – Ehe – Zweierbeziehungen"

Stephan Gabriel

17.09.2012

Inhaltsverzeichnis:

Seite:

II.1.1. Einleitung 2

II.1.2. Kennzeichen persönlicher Beziehungen 2

II.1.3. Forschungsgegenstand: Persönliche Beziehungen 3

II.1.4. Formen persönlicher Beziehungen 6

II.1.4.1. Die Familie 6

II.1.4.2. Die Ehe 7

II.1.4.3. Funktionen von Ehe und Familie.. 8

II.1.4.4. Die Zweierbeziehungen 8

II.1.5. Literatur 9

II.1.1. Einleitung:

Der Mensch als soziales Wesen steht durch Interaktion und Kommunikation in ständiger Wechselwirkung mit seiner Umwelt. Dabei sei zum einen die Kommunikation, charakterisiert durch das Symbol „Sprache", welches sich in einer Situation durch seine Universalität für jede teilnehmende Person auszeichnet, verantwortlich für die Herausbildung einer Identität. Auf der anderen Seite ist die Interaktion, beispielsweise das Spielen von Kindern verantwortlich, um so etwas wie eine Selbstbild und ein Bild von der Welt zu schaffen. Dabei erfinden Kinder zuerst unsichtbare, durch ihre Phantasie geschaffene Spielgefährten, um „Polizist", „Verkäufer" usw. zu spielen, wobei sie nach Mead auf selbst erzeugte Reize reagieren, wie auch Andere reagieren würden. Später spielen Kinder in Wettkämpfen gegeneinander, bei denen sie in der Lage sein müssen alle teilnehmenden Rollen einzunehmen, um erfolgreich zu sein (vgl. Mead 1973; S.127 f.). Der grundlegendste Gegenstandsbereich von Kommunikation und Interaktion sind demnach die persönlichen Beziehungen, da diese von der Geburt bis zum Tod das Leben eines Menschen bestimmen. Erving Goffman bestätigt in seinen Mikrostudien zur öffentlichen Ordnung, dass sich der gegenseitige Umgang miteinander im Rahmen von Identifizierungsprozessen abspielt. Er unterscheidet dabei die Herausbildung einer sozialen Identität, also soziale Kategorien wie Alter, Geschlecht, Schicht usw. und die Herausbildung einer persönlichen Identität, welche die jedem Individuum zuzuschreibende, einzigartige, organische Kontinuität bezeichnet (vgl. Goffman 1982; S. 255 f.). Man kann Persönliche Beziehungen als eine „Hilfe Mensch zu werden" sehen, die sich im Lebenslauf eines Menschen verändern und weiterentwickeln. Dabei verlieren sie aber nie ihre existenzielle Bedeutung, da sich jeder Mensch über sie identifiziert und als Person in einer Gesellschaft definiert.

II.1.2. Kennzeichen persönlicher Beziehungen:

Nach Goffman sind Beziehungen zwischen Personen zunächst durch ihre Unwiderruflichkeit gekennzeichnet, da durch sie ein Rahmen gegenseitigen Wissens, welches die Kenntnisse die beide Seiten voneinander haben, speichert, organisiert und verwendet, geschaffen wird (vgl. Goffman 1982; S. 256). Hierzu kann man von einer Unendlichkeitfunktion persönlicher Beziehungen sprechen, die somit von einfachen Interaktionen abzugrenzen sind.

Weiterhin sind persönliche Beziehungen von Organisationen zu unterscheiden. Während Organisationen auch nach dem Ausscheiden von Personen fortbestehen, da ausgeschiedene Mitglieder durch neue ersetzt werden können, ist ein „Personalwechsel" innerhalb einer persönlichen Beziehung undenkbar. Beziehungen zwischen Personen können höchstens durch neue Beziehungen ersetzt werden, wobei die vorhergehende Beziehung weiterhin bestehen bleibt, wenn auch in verändertem Maße (vgl. Lenz, Nestmann 2009; S. 10). Zwischen den Akteuren einer persönlichen Beziehung herrscht wie bei Interaktionen eine ausgeprägte Interdependenz, da sie sich gegenseitig in ihrem emotionalen, geistigen und sozialen Handeln beeinflussen. Im Handbuch Persönliche Beziehungen wird bemerkt, dass diese nicht nur im privaten Bereich vorkommen, eingebettet in ein ganzes Beziehungsgefüge, als Teil eines sozialen Netzwerkes können Persönliche Beziehungen auch öffentliche Lebenszusammenhänge umfassen (vgl. Lenz, Nestmann 2009; S. 10 ff.).

II.1.3. Forschungsgegenstand: Persönliche Beziehungen:

Der Forschungsgegenstand „Persönliche Beziehungen" ist durch seine Interdisziplinarität gekennzeichnet. Durch die Fokussierung auf soziologische und (sozial-) psychologische Untersuchungsschwerpunkte entsteht ein Analyserahmen aus fünf voneinander getrennten Ebenen. Studien zur Analyse persönlicher Beziehungen betrachten dabei jeweils nur eine oder zwei Ebenen gleichzeitig (vgl. Lenz, Nestmann 2009; S. 19 f.).

(1) Ebene des Beziehungsalltags

Es werden immer wiederkehrende Abläufe in einer Beziehung und die daraus resultierenden Handlungsmuster analysiert. Als Beispiel für eine Studie zum Beziehungsalltag ist Jean–Claude Kaufmann zu nennen, der mit der schmutzigen Wäsche einen seiner Meinung nach idealen Indikator findet, um in die tiefsten, privaten Zusammenhänge des ehelichen Zusammenlebens vorzudringen. Dabei verbinde sich mit der schmutzigen Wäsche die Erinnerung an die ursprüngliche Rolle der Frau innerhalb eines Paares, gleichzeitig aber auch der Anspruch auf eine Rollenveränderung im Sinne der Gleichberechtigung zwischen Mann und Frau (vgl. Kaufmann 1994; S.12). Mit einer Befragung von zwanzig Paaren über einen Zeitraum von zwei Jahren gelingt es Kaufmann darzustellen, wie die Idee der Gleichheit zwischen Mann und Frau sukzessive im Alltag abgeschafft wird. Dabei erkennt er ein geringes Bewusstsein der Eheleute für die Organisation des ehelichen Alltags, also nach welchen Kalkülen die Verteilung der Haushaltsarbeiten erfolgt. Kaufmann stellt darin eine „freiwillige Unwissenheit" fest, in der die Eheleute die Ansicht vertreten „Alles hat sich so ergeben" und nicht weiter über ihre Entscheidungsgewohnheiten nachdenken (vgl. Kaufmann; S. 199).

(2) Ebene des Person

In dieser (sozial-) psychologischen Analysekategorie werden die Bindungsstile und die biographischen Beziehungserfahrungen untersucht. Silke Brigitta Gahleitner verweist dazu im Handbuch Persönliche Beziehungen auf die Bindungstheorie von John Bowlby. Der englische Psychoanalytiker deckt in seiner Forschung auf, dass die An- oder Abwesenheit stabiler Bezugspersonen in den persönlichen Beziehungen der Kindheitsphase die Entwicklung emotionaler, kognitiver und sozialer Fähigkeiten beeinflusst (vgl. Gahleitner 2009; S. 146 f.). Es wird also analysiert, welche persönlichen Eigenschaften, Fähigkeiten, Kompetenzen zum Zustandekommen, Aufrechterhalten und damit zum Erfolg oder Nicht-Erfolg von persönlichen Beziehungen beitragen.

(3) Diskursebene

Diesbezüglich werden spezielle Vorstellungen der Gesellschaft untersucht, um die Handlungs- bzw. Deutungsmuster der Akteure persönlicher Beziehungen zu erklären. Ein Beispiel für eine Studie zur Diskursebene sind die Untersuchungen Niklas Luhmanns zur Semantik von Liebe. Das Medium Liebe sei nach Luhmann selbst nicht als Gefühl, sondern als Kommunikationscode zu betrachten. Dass die dazu gehörigen Codierungsregeln zunächst erlernt werden müssen, stellt für ihn einmal eine Hürde für eine gefühlsmäßig vertiefte Erfüllung dar. Andererseits werde über ein generalisiertes Suchmuster die Selektion erleichtert (vgl. Luhmann 1994; S. 23 f.). Während Luhmann versucht die Fragen „Was ist eine gute Beziehung?" und „Was muss der Einzelne dafür tun?" zu beantworten, beschäftigt sich Eva Illouz mit den Veränderungen der Liebe innerhalb kapitalistischer Modernisierungsprozesse. Für sie gilt es die Mechanismen zu verstehen, mit denen die Ideen romantischer Liebe mit den Praktiken der Ökonomie zusammenwirken, um die Herausbildung von Handlungs- und Deutungsmustern in unserer aktuellen Gesellschaft zu verstehen. Sie kommt z.B. zu dem Schluss, dass die romantische Leidenschaft von deren Erfolg in den

Massenmedien und in der Konsumkultur (z.B. Valentinstag) „entzaubert" worden ist. Durch die Allgegenwärtigkeit von Liebe zum Zweck des Warenverkaufs sei sie in der Realität zu einer „leeren Hülle" verkommen (vgl. Illouz 2007; S.321).

(4)Sozialstrukturelle Ebene

Persönliche Beziehungen können als gesellschaftliches Phänomen verstanden werden. Somit durchleben sie die gleichen Wandlungsprozesse, welche allgemein mit dem sozialen Wandel von Gesellschaften bezeichnet werden. Ullrich Beck und Elisabeth Beck- Gernsheim bewegen sich in ihren empirischen Studien vorrangig mit diesem Bereich. In der Arbeit „Das ganz normale Chaos der Liebe" beschreiben sie beispielsweise wie durch Individualisierungsprozesse im Zuge der Neuerung gesellschaftlicher Verhältnisse Frauen und Männer ihr Leben zunehmend selbst bestimmen und traditionelle Regeln in Bezug auf Ehe und Partnerschaft mehr und mehr abgeschafft werden. In dieser Studie werden drei Thesen entwickelt und erläutert. Erstens seien vorgegebene Geschlechtsrollen kein traditionales Relikt, sondern das Fundament der Industriegesellschaft. Zweitens wäre selbst innerhalb der Familien die Dynamik von Individualisierungsprozessen spürbar. Durch den Spagat zwischen persönlicher Freiheit und der Sehnsucht nach dem Partnerglück und geteilter Innerlichkeit entstehe laut Beck beispielsweise das Phänomen, in welchem der Weg aus Ehe und Familie früher oder später wieder in sie hinein führen würde. Drittens seien die Formen des Zusammenlebens von Frauen und Männern (z.B. Ehe, Familie usw.) ein Ort, nicht Ursache des Geschehens von Jahrhundertkonflikten, beispielsweise die zunehmende berufliche Mobilität der Ehepartner, Verteilung der Haushaltsarbeiten usw. (vgl. Beck, Beck- Gernsheim 1990; S.36 ff.). Hier zeigt sich, dass sich auch gesellschaftliche Subsysteme wie die Arbeitswelt auf persönliche Beziehungen auswirken, bzw. Personen aus etwaigen Partnerschaftsbeziehungen bevor- und benachteiligen können, z.B. Paarbeziehungen, gleichgeschlechtliche Partnerschaften, Mutter- Kind Familie usw.

(5) Ebene der symbolischen Repräsentation

Beziehungen werden durch ein breites Gefüge von Symbolen und Ritualen gekennzeichnet. Günter Burkart bemerkt z.B. zu Jean-Claude Kaufmanns Studie, dass der Kauf einer gemeinsamen Waschmaschine ein Symbol mit der Aussagekraft „Wir sind jetzt ein Paar" darstellt. Das in unserem Kulturkreis wohl klassischste Symbol für eine

Liebesbeziehung zwischen zwei Personen ist die Heirat. Durch sie wird die Ernsthaftigkeit, bzw. die Dauerhaftigkeit der Beziehung eines Paares verdeutlicht. Die Bedeutung und zeitliche Abfolge verschiedener Ereignisse, die früher eigentlich erst mit der Eheschließung möglich waren, verändern sich mit dem gesellschaftlichen Wandel (vgl. Burkart 2009; S. 224 f.). Im Handbuch Persönliche Beziehungen werden die Phasen des Aufbaus, des Bestands, von Krisen und der Auflösung von Beziehungen unterschieden, welche alle durch entsprechende Rituale und Symbole charakterisiert werden können.

II.1.4. Formen persönlicher Beziehungen:

II.1.4.1. Die Familie:

Eine Definition des Begriffs Familie gestaltet sich aufgrund der unterschiedlichen Verwendung in der Gesellschaft und eines hohen Abstraktionsniveaus als schwierig. Die Idealvorstellung von Familie wandelte sich mit der Zeit und ist kulturspezifisch und von Familie zu Familie verschieden. Während in der vorindustriellen Zeit ein Familienmodell überwog, dessen Abtrennungslinie die Haushaltsgemeinschaft bildete, ist dieses auf heutige Familien nicht mehr anwendbar. Mit dem sozialen Wandel in der Gesellschaft veränderten sich auch die vorherrschenden Familienideale (vgl. Übersicht in Nave- Herz 2006; S. 57).

Rosemarie Nave- Herz nennt drei Aspekte an denen man die Familie von anderen Lebensformen wie Kollektive (Wohngemeinschaften, Heime, etc.), dyadische Lebensformen (z.B. Ehe ohne Kinder, gleichgeschlechtliche Partnerschaft) oder Alleinstehende abgrenzen kann. Aus der Makroperspektive betrachtet kann man zuerst sagen, dass die Familie spezielle Aufgaben für die Gesamtgesellschaft, die kulturell variabel sind, wie die Reproduktions- und Sozialisationsfunktion übernimmt. Zweitens zeichnet sie sich dadurch aus, dass sie aus mindestens zwei oder mehren Generationen besteht (Eltern, Kinder). Zum dritten besteht zwischen ihren Mitgliedern ein spezielles Kooperations- und Solidaritätsverhältnis, durch welches genaue Rollendefinitionen festgelegt werden. Aus der Mikroperspektive wird die Familie also als gesellschaftliches Teilsystem, in dem eigene Interaktionsbeziehungen herrschen, betrachtet (vgl. Nave- Herz 2006; S. 30). Mit den Worten Hartmann Tyrells gesagt, stellt eine Familie damit eine Gruppe besondere Art dar, die erstens durch die besondere und ihr eigene Rekrutierungspraxis, zweitens durch die Exklusivität des biographisch langfristigen alltäglichen Zusammenlebens und drittens durch eine enge zwischenmenschliche Bindung des

„Familienpersonals" von anderen Lebensformen abzugrenzen ist. Tyrell stellt weiterhin fest, dass das tagtägliche Interagieren nicht nur im „face to face" und über Kommunikation realisiert wird, sondern auch wenn man in Abwesenheit seiner Verwandten auf sie bezogen denkt, fühlt oder empfindet (vgl. Tyrell 1983; S.368f.). Familien stellen also auf affektive Solidarität ausgerichtete Intimgruppen dar, bei denen die spezifischen Interaktionsmuster nur ein wesentliches Merkmal darstellen. Dabei können verschiedene Familientypen nach den Aspekten Familienbildungsprozess, Zahl der Generationen, Rollenbesetzung in der Kernfamilie, Wohnsitz und Erwerbstätigkeit der Eltern unterschieden werden, die dem „Familiengrundmuster" entsprechen und in verschiedensten Kombinationen auftreten können (vgl. Nave- Herz 2006; S.33).

II.1.4.2. Die Ehe:

Rosemarie Nave- Herz definiert die Ehe als eine durch Sitte, bzw. Gesetz anerkannte und auf Dauer angelegte Form gegengeschlechtlicher Partnerschaft. Ein weiteres Merkmal von Ehen sei, dass sie über das Paarverhältnis auf die Familie hinausweise (vgl. Nave- Herz 2006; S.24). Die Elternschaft stellt demnach die Vollendung des Übergangs von Ehe zur Familie dar. Der Verweisungszusammenhang von Ehe und Familie, der zu einer primären Erforschung der Ehe aus der Perspektive der Familie führt, muss jedoch kritisch betrachtet werden. Als ersten großen Entwicklungstrend sei die wachsende Eigenständigkeit der Ehe zu nennen, was mit mehreren Faktoren zusammenhängt. Zum einen hat die Nachfamilienphase stark an Bedeutung zugenommen, d.h. wenn die Kinder aus dem Haus sind und die Eltern mit ca. 50 Jahren wieder verstärkt Ehefrau und Ehemann sein wollen. Damit einhergehend ist die überwiegende Beschränkung auf ein bis zwei Kinder pro Familie, woraus für das Ehepaar ein ebenso langer Zeitraum ohne, wie mit Kindern entsteht (vgl. Lenz 2006; S. 10 f.). Dass man damit nicht unbedingt von Ehe auf Familie schließen kann, wird durch die wachsende Zahl kinderloser Ehen verstärkt. Der Verlust der Monopolstellung der Ehe, die zunehmend mit anderen normativen Lebenspartnerschaften konkurriert, stellt den zweiten großen Entwicklungstrend dar. So stellt Kaufmann in seiner Einführung zur schmutzigen Wäsche fest, dass die Organisation des ehelichen Zusammenlebens schwieriger geworden sei und gesteigerte Ansprüche an die Qualität einer Paarbeziehung zu einem häufiger stattfindenden Partnerwechsel führen. Jedoch sei die Paarbeziehung gerade heute von größter Bedeutung (vgl. Kaufmann 1994; S. 7 f.). Diese Entwicklung geht mit dem Verlust der normativen

Verbindlichkeit der Ehe einher. Dazu können Paare heute zwischen unterschiedlichen Beziehungsformen auswählen, die ebenso gemeinsames sexuelles Erleben wie gemeinsamen Alltag versprechen (vgl. Lenz 2006; S.14). Der Wert der Paarbeziehung zeigt sich darin, dass häufigere Beziehungen im Lebenslauf und der Rückgang der Heiratsneigung keinen generellen Niedergang der Paarbeziehungen, sondern eine wachsende Konkurrenz der Ehe mit „nicht-ehelichen" Beziehungsformen" bedeutet.

II.1.4.3. Funktionen von Ehe und Familie

Rosemarie Nave- Herz unterschiedet in ihrer Einführung zur Ehe- und Familiensoziologie fünf Funktionen. Die Reproduktions- und Sozialisationsfunktion wurden schon als Bedeutung der Familie für die Gesamtgesellschaft angesprochen. Gleichwohl haben Ehe und Familie aufgrund ihrer Exklusivität eine besondere identitätsbildende Funktion für ihre Mitglieder. Die Platzierungsfunktion ist z.b. als Selektionskriterium für den beruflichen und sozialen Werdegangs eines Individuums zu verstehen, beispielsweise dass der Sohn eines Tischlers im 17. Jahrhundert später den gleichen Beruf wie sein Vater ausübte. Dazu ist mit Blick auf die heutige Gesellschaft zu fragen, in wie weit heute noch die Platzierungsfunktion, sprich die soziale Herkunft und nicht etwa die Leistung über die beruflichen Chancen entscheiden. Die Freizeitfunktion und die Spannungsausgleichsfunktion gehen mit der Trennung der Erwerbs und Arbeitswelt vom Familienleben einher. So müssen psychische Belastungen am Arbeitsplatz im Familienalltag aufgefangen werden. Dazu sei zum Beispiel festzustellen, dass die Familie rein kriminalistisch gesehen der gefährlichste Ort der Welt sei.

II.1.4.4. Die Zweierbeziehung:

Durch die angesprochene Pluralisierung der Beziehungsformen neben der Ehe, schlägt Karl Lenz aufgrund der Breite relativ fester Beziehungen den nicht so stark festgelegten Begriff der „Zweibeziehung" als neuen Leitbegriff für die Soziologie vor. Dieser wurde bereits 1975 von Jürg Willi in diesem Zusammenhang verwendet und kann beispielsweise auch bei ausbleibender sexueller Interaktion Verwendung finden:
„Unter einer Zweierbeziehung soll ein Strukturtypus persönlicher Beziehungen zwischen Personen unterschiedlichen oder gleichen Geschlechts verstanden werden, der sich durch einen hohen Grad an Verbindlichkeit (Exklusivität) auszeichnet, ein gesteigertes Maß an

Zuwendung aufweist und die Praxis der sexuellen Interaktion – oder zumindest deren Möglichkeit – einschließt." (vgl. Lenz 2006; S.39)

II.1.5. Quellen:

Baumgart, Franzjörg (2008): Theorien der Sozialisation. Bad Heilbrunn.

Beck, Ullrich und Beck- Gernsheim, Elisabeth (1990): Das ganz normale Chaos der Liebe. Frankfurt am Main.

Burkart, Günter (2009): Paare in der Bestandphase, in Lenz, Karl und Nestmann, Frank (Hg.), Handbuch Persönliche Beziehungen. München, S. 221.240.

Gahleitner, Silke Brigitta (2009): Persönliche Beziehungen aus bindungstheoretischer Sicht, in Lenz, Karl und Nestmann, Frank (Hg.), Handbuch Persönliche Beziehungen. München, S. 145-170.

Goffman, Erving (1982): Das Individuum im öffentlichen Austausch. Mikrostudien zur öffentlichen Ordnung. Frankfurt am Main.

Illouz, Eva (2007): Der Konsum der Romantik. Liebe und die kulturellen Widersprüche des Kapitalismus. Frankfurt am Main.

Kanfmann, Jean-Claude (1994): Schmutzige Wäsche. Zur ehelichen Konstruktion von Alltag. Konstanz.

Luhmann, Niklas (1994): Liebe als Passion. Zur Codierung von Intimität. Frankfurt am Main.

Lenz, Karl (2006): Soziologie der Zweierbeziehung. Eine Einführung. Wiesaden.

Lenz, Karl und Nestmann, Frank (2009): Handbuch Persönliche Beziehungen. München.

Mead, G.H. (1973): Die Entstehung des Selbst, in Baumgart, Franzjörg (Hg.), Theorien der Sozialisation. Bad Heilbrunn, S. 126-138.

Nave- Herz, Rosemarie (2006): Ehe- und Familiensoziologie. Eine Einführung in Geschichte, theoretische Ansätze und empirische Befunde. Weinheim und München.

Neidhardt, Friehelm (1983): Gruppensoziologie. Perspektiven und Materialien. Opladen.

Tyrell, Hartmann (1983): Zwischen Interaktion und Organisation II: Die Familie als Gruppe, in Neidhardt, Friedhelm (Hg.), Gruppensoziologie. Perspektiven und Materialien. Opladen. S. 362-390.

Vergleiche auch Folien zur Vorlesung von Prof. Dr. Renate Liebold im Internet:
https://bildungsportal.sachsen.de/opal/url/RespositoryEntry/3047882779